빙글빙글 고사성어놀이

으뜸과버금가는아이들

빙글빙글
고사성어
놀이

걸음마 엮음

머리말

고사성어는 오랜 세월부터 우리의 일상 속에서 널리 쓰이는 한자어를 말해요. 대개는 네 글자로 만들어지기 때문에 사자성어라 부르기도 하지요.

과거에 실제로 있었던 일, 또는 설화나 신화에서 배울 수 있는 교훈을 한자로 정리한 말이라서, 오늘날에도 널리 사용되고 있답니다.

이렇게 많이 사용되고 있는 고사성어의 정확한 뜻을 모른다면 '왜 사람들이 어려운 말을 하면서 재미있어하지?'라고 생각이 들 거에요.

비유적이고 함축적인 표현으로 되어 있는 경우가 많아서, 단순히 한자를 잘 안다고 해서 뜻을 알 수 있는 건 아니에요.

'빙글빙글 고사성어놀이'는 한자를 잘 몰라서 멀게만 느껴질 수 있는 고사성어를 우리 친구들이 이해하기 쉽고 재미있는 설명으로 구성하였어요.

읽다 보면 나도 모르게 저절로 고사성어가 무슨 뜻으로 어떻게 사용하는지 익히게 될 거예요.

목차

Ⅰ. ㄱ, ㄴ, ㄷ 으로 시작하는 고사성어 - 8

Ⅱ. ㅁ, ㅂ, ㅅ 으로 시작하는 고사성어 - 54

Ⅲ. ㅇ, ㅈ, ㅊ 으로 시작하는 고사성어 - 98

Ⅳ. ㅌ, ㅍ, ㅎ 으로 시작하는 고사성어 - 136

부록

초등교과연계
1~2학년군 <봄>, <여름>, <가을>, <겨울>, <가족>
<국어 1-1> 상상의 날개를 펴고
<국어 2-1> 경험을 나누어요
<도덕 3-2> 내 힘으로 잘해요
<도덕 4-2> 힘을 모으고 마음을 하나로
<국어 5-1> 상황에 알맞은 낱말
<국어 6-1> 비유하는 표현
<국어 6-2> 문학의 향기

동병상련(同病相憐)
이 고사성어는 어떤 뜻일까요?

Ⅰ. ㄱ, ㄴ, ㄷ 으로 시작하는 고사성어

1. 각골난망

刻骨難忘

새길 각, 뼈 골, 어려울 난, 잊을 망

입은 은혜에 대한 고마움이 뼈에 새길 만큼 잊히지 않는다는 뜻으로, 감사하는 마음을 표현할 때 사용해요. 내가 어렵고 힘들 때 나를 도와주는 사람이 있다면 고마움을 잊지 않고, 나도 도움을 줄 수 있어야겠지요?

2. 감언이설

甘言利說

달 감, 말씀 언, 이로울 이, 말씀 설

기분을 맞추는 달콤한 말이나, 혹은 귀가 솔깃해지는 이로운 조건을 말해서 유혹한다는 뜻이에요. 나를 속이려고 달콤한 말을 하는 사람도 조심해야 하지만, 나도 다른 사람을 속이려고 감언이설을 해서는 안 돼요.

3. 개과천선

改過遷善

고칠 개, 지날 과, 옮길 천, 착할 선

지난 날의 잘못을 반성하고 착한 사람이 된다는 뜻이에요. 사람은 살면서 실수로라도 잘못을 할 수 있어요. 그래서 잘못을 진심으로 반성하고 착하게 살아가는 것이 중요해요.

4. 격세지감

隔世之感

사이 뜰 격, 인간 세, 어조사 지, 느낄 감

  다른 세상을 보는 것처럼 많은 변화가 있다는 뜻이에요. 예전에는 없던 새로운 기술이 생겨 점점 편리해지고 세상이 변화됨을 느끼거나, 어른과 아이 간에 느끼는 세대 차이에 사용하는 고사성어예요.

5. 견물생심

見物生心

볼 견, 물건 물, 날 생, 마음 심

물건을 보면 그것을 갖고 싶은 욕심이 생긴다는 뜻이에요. 친구가 가지고 있는 물건이 새것이고 좋아 보인다고 내가 갖고 싶다 욕심을 내서 도둑질하면 안 되겠지요?

6. 결자해지

結者解之

맺을 결, 사람 자, 풀 해, 어조사 지

매듭을 묶은 자가 풀어야 한다는 뜻으로, 일을 저지른 사람이 일을 해결해야 한다는 말이에요. 내가 잘못을 저질렀는데 모른다고 도망쳐버리면 안 되겠지요? 끝까지 결자해지의 자세로 일을 마무리할 줄 아는 사람이 되어야 해요.

7. 결초보은

結草報恩

맺을 결, 풀 초, 갚을 보, 은혜 은

 풀을 묶어 은혜를 갚는다는 뜻으로, 죽어서도 은혜를 잊지 않고 갚는다는 말이에요. 중국 춘추시대에 진나라의 위과가 아버지가 세상을 떠나자 서모를 그 당시 관습이었던 순장(죽은 사람과 같이 산 사람을 함께 묻던 일)을 시키지 않았어요. 후에 위과가 전쟁에 나갔을 때 서모 아버지의 혼령이 풀을 묶어 놓아 적을 넘어뜨려 위과가 공을 세울 수 있도록 도와줬다는 고사에서 유래 된 고사성어예요.

8. 경거망동

輕擧妄動

가벼울 경, 들 거, 망령될 망, 움직일 동

경솔하고 생각 없이 행동한다는 뜻으로, 때와 장소에 맞지 않는 말이나 행동을 할 때 사용해요. 장소와 상황에 맞는 예의가 있는데, 그걸 지키지 않고 가볍게 행동하면 다른 사람에게 피해를 줄 수 있고 결국은 나에게 해가 될 수 있으니 경거망동한 행동을 해서는 안 돼요.

9. 계륵

鷄肋

닭 계, 갈빗대 륵

닭의 갈비라는 뜻으로, 쓸모는 없지만 버리기엔 아깝다는 말이에요. 중국 삼국시대 위나라 조조가 촉나라의 한중이라는 지역을 쉽게 얻을 수 있을 거라 생각해서 공격했으나 생각처럼 되지 않았어요. 전쟁 중 조조는 식사 중 닭의 갈비를 보고 무심결에 "계륵이로다, 계륵…"이라 중얼거렸고 그 말을 듣고 조조의 심정을 이해한 부하가 서둘러 후퇴 준비를 했다는 이야기에서 유래 된 고사성어예요.

10. 고진감래

苦盡甘來

쓸 고, 다할 진, 달 감, 올 래

쓴 것이 다하면 단 것이 온다는 뜻으로, 고생 끝에 즐거움이 찾아온다는 말이에요. 공부를 할 때는 힘들고 재미없지만, 시험에서 100점을 맞으면 정말 즐겁고 행복한 것처럼 힘들 땐 고진감래를 생각하면서 열심히 노력해보아요.

11. 과유불급

過猶不及

지날 과, 오히려 유, 아닐 불, 미칠 급

지나친 것은 미치지 못한 것과 같다는 뜻이에요. 달리기 시합이라고 전날 무리해서 연습하다가 시합에서는 쥐가 나서 뛰지 못하는 것처럼 적정선을 지켜야 된다는 의미예요.

12. 관포지교

管鮑之交

대롱 관, 절인 물고기 포, 어조사 지, 사귈 교

  중국 춘추 시대 제나라의 관중과 포숙의 사귐이 매우 친밀하였다는 고사에서 유래한 말로, 매우 친한 친구 사이의 사귐을 뜻해요. 나를 항상 믿어주는 고마운 친구가 있다면 외롭지 않고 행복할 거예요.

13. 괄목상대

刮目相對

깍을 괄, 눈 목, 서로 상, 대답할 대

눈을 비비고 상대편을 본다는 뜻으로, 상대방의 학식이나 재주가 놀랄 만큼 부쩍 늘었다는 말이에요. 성적이 안 좋던 친구가 공부를 열심히 해서 성적이 부쩍 상승했다면 정말 놀랍겠지요?

14. 군계일학

群鷄一鶴

무리 군, 닭 계, 한 일, 학 학

닭의 무리 속에 끼어 있는 한 마리의 학이라는 뜻으로, 평범한 사람 가운데서 뛰어난 사람을 비유적으로 표현할 때 사용해요. 보통 뛰어난 지식이나, 외모로 다른 사람들보다 눈에 잘 띄는 사람들을 비유적으로 표현할 때 사용해요.

15. 권선징악

勸善懲惡

권할 권, 착할 선, 징계할 징, 악할 악

 착한 행동은 권하고 나쁜 행동은 벌해야 한다는 뜻이에요. 전래동화 흥부와 놀부에서 착한 흥부는 복을 받고 욕심 많은 놀부는 벌을 받는 이야기가 권선징악이에요.

16. 금상첨화

錦上添花

비단 금, 윗 상, 더할 첨, 꽃 화

비단 위에 꽃을 더한다는 뜻으로, 좋을 일에 또 좋은 일이 더해진다는 말이에요. 부모님 말씀을 잘 들어서 칭찬도 받고, 선물까지 받는 일이 있다면 금상첨화겠지요?

17. 금시초문

今時初聞

이제 금, 때 시, 처음 초, 들을 문

지금 막 처음 듣는 이야기라는 뜻이에요. "나는 정말 금시초문인 이야기인데" 이런 식으로 어떤 이야기를 듣고 놀라거나 어이가 없을 때 사용하는 표현이에요.

18. 금의환향

錦衣還鄉

비단 금, 옷 의, 돌아올 환, 시골 향

비단옷을 입고 고향에 돌아온다는 뜻으로, 출세를 하여 고향에 돌아온다는 말이에요. 올림픽에 나간 국가대표 선수들이 금메달 따고 돌아올 때 금의환향 했다고 표현하지요

19. 기고만장

氣高萬丈

기운 기, 높을 고, 일만 만, 어른 장

기운이 *만장으로 뻗치었다는 뜻으로, 두 가지 의미가 있어요. 우쭐하여 뽐내는 기세가 대단하다는 의미와 펄펄 뛸 만큼 대단히 화가 났다는 의미로 사용해요.

*만장 : 한계가 없이 높음

20. 기사회생

起死回生

일어날 기, 죽을 사, 돌아올 회, 날 생

거의 죽을뻔하다가 도로 살아났다는 뜻으로, 위험한 상황에서 기적처럼 상황이 나아졌을 때 사용하는 말이에요. 비슷한 고사성어로는 구사일생(九死一生)이 있어요.

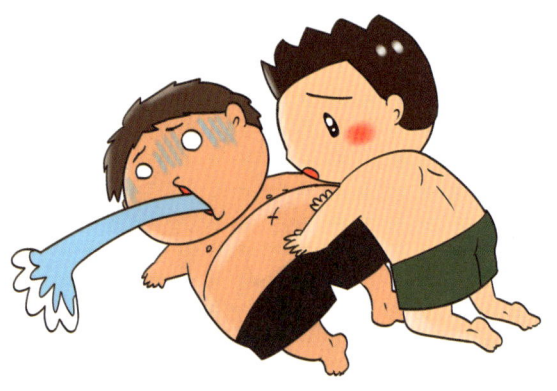

21. 난공불락

難攻不落

어려울 난, 공격할 공, 아닐 불, 떨어질 락

공격하기가 어려워 쉽게 함락되지 않는다라는 뜻으로, 어떤 일을 이루기 아주 어렵다는 말이에요. 중국 삼국시대 촉나라의 제갈량이 위나라의 진창성을 공격할 때, 쉽게 이길 수 없어서 "난공불락이다!"라고 감탄한 데서 유래 된 고사성어예요.

22. 난형난제

難兄難弟

어려울 난, 형 형, 어려울 난, 아우 제

누구를 형이라 아우라 하기 어렵다는 뜻으로, 두 대상의 재능이나 학식이 비슷하여 좋고 나쁨을 가리기 어렵다는 말이에요. 주로 둘 다 좋은 경우에 많이 사용해요.

23. 남가일몽

南柯一夢

남녘 남, 가지 가, 한 일, 꿈 몽

　남쪽으로 뻗은 나뭇가지 밑에서 꾼 꿈이라는 말로, 헛된 꿈이나 허무하고 쓸모 없는 부귀영화라는 뜻이에요. 중국 당나라에 순우분이란 사람이 술에 취하여 남쪽으로 뻗은 나뭇가지 밑에서 잠이 들었는데, 임금님의 사위가 되어 부귀영화를 누렸지만 모두 꿈이었다는 이야기에서 유래 된 고사성어예요.

24. 낭중지추

囊中之錐

주머니 낭, 가운데 중, 어조사 지, 송곳 추

주머니 속의 송곳이라는 뜻으로, 뾰족한 송곳이 주머니에 있으면 반드시 주머니를 뚫고 나오는 것처럼 재능이 특출한 사람은 남에 눈에 잘 보인다는 말이에요.

25. 노심초사

勞心焦思

일할 노, 마음 심, 탈 초, 생각 사

마음속으로 애를 쓰며 속을 태운다는 뜻으로, 어떤 일 때문에 몹시 걱정할 때 쓰는 말이에요. 주로 긴장하고 불안한 상태로 어떠한 일의 결과를 기다리는 모습을 표현할 때 많이 사용해요.

26. 노익장

老益壯

늙을 로(노), 더할 익, 씩씩할 장

 나이는 많지만 젊은 사람처럼 의욕이나 힘이 넘치는 사람이라는 뜻이에요. 대부분의 사람은 나이가 들면 힘도 약해지고 건강도 나빠지는데, 나이가 들어서도 젊은 사람에 뒤처지지 않는 기력과 열정으로 주위를 깜짝 놀라게 하는 분들 표현할 때 사용해요.

27. 다기망양

多岐亡羊

많을 다, 갈림길 기, 잃을 망, 양 양

갈림길이 많아서 잃어버린 양을 찾지 못한다는 뜻으로, 학문이나 일을 할 때 여러 방면에 관심을 가지고 하면 한 가지도 제대로 못 이룬다는 말이에요. 또 방법이 많아서 어떻게 할 지 모르겠다는 뜻으로도 사용해요.

28. 다다익선

多多益善

많을 다, 많을 다, 더할 익, 착할 선

많으면 많을수록 더욱 좋다는 뜻이에요. 중국 한나라의 한신이 유방에게 "폐하는 10만의 병사를 지휘할 수 있는 그릇이지만, 저는 병사의 수가 많을수록 좋습니다."라고 대답한 것에서 유래 된 고사성어예요.

29. 다사다난

多事多難

많을 다, 일 사, 많을 다, 어려울 난

일도 많고 어려움도 많다는 뜻으로, 정신 없이 지나간 시간을 다시 회상할 때 주로 사용하는 말이에요. "올해도 다사다난 한 해였다" 이런 식으로 연말에 많이들 사용하지요.

30. 다재다능

多才多能

많을 다, 재주 재, 많을 다, 능할 능

재주도 많고 능력도 뛰어나다는 뜻이에요. "정국이는 공부도 잘하고 운동도 잘하는 다재다능한 친구야" 이렇게 여러 가지 면에서 뛰어난 능력을 가진 사람에게 주로 사용해요.

31. 대기만성

大器晚成

큰 대, 그릇 기, 늦을 만, 이룰 성

큰 그릇은 늦게 만들어진다는 뜻으로, 큰 사람은 오랜 노력 끝에 이루어진다는 말이에요. 우리 친구들도 어떤 일이든 빨리 포기하지 말고 꾸준히 노력하면 좋은 결과가 있을 거예요.

32. 대동소이

大同小異

큰 대, 같을 동, 작을 소, 다를 이

큰 부분은 같으나 작은 부분에서 차이가 있다는 뜻으로, 큰 차이 없이 거의 비슷하다는 말이에요. 그래서 주로 두 대상의 다른 점이 아닌 같은 점을 강조할 때 사용해요.

33. 대의멸친

大義滅親

큰 대, 옳을 의, 멸할 멸, 친척 친

큰 도리를 지키거나, 나라의 큰 뜻을 이루기 위해서는 부모나 형제의 정도 버린다는 뜻이에요. 일제강점기에 부모님이나 가족의 품을 떠나 해외로 독립운동을 떠난 수많은 독립운동가들에게 해당되는 표현이에요.

34. 대의명분

大義名分

큰 대, 옳을 의, 이름 명, 나눌 분

사람으로서 마땅히 지켜야 할 중대한 도리와 명분이라는 뜻이에요. 어떤 행동을 할 때 자신의 정당함을 알리기 위해 내세우는 이념이나 철학을 대의명분이라고 해요.

35. 도불습유

道不拾遺

길 도, 아닐 불, 주울 습, 버릴 유

길에 떨어진 것도 줍지 않는다는 뜻으로, 나라의 법이 엄격하고 질서가 있어 길가에 떨어진 물건을 줍는 사람이 없다는 말이에요. 중국 진나라에 공손앙이 엄격한 법을 시행하자 길에 떨어진 물건을 줍는 사람이 없을 정도로 남의 물건을 탐내는 사람이 사라졌다는 이야기에서 유래 된 고사성어예요.

36. 도주지부

陶朱之富

질그릇 도, 붉을 주, 어조사 지, 부유할 부

도주의 부유함이라는 뜻으로, 큰 부자를 가리키는 말로 사용해요. 중국 월나라의 범려라는 사람이 '도'라는 곳에서 '주'로 이름을 바꾸어 장사를 했는데, 큰 재산을 모았다는 이야기에서 유래 된 고사성어예요.

37. 동가식서가숙

東家食西家宿

동녘 동, 집 가, 밥 식, 서녘 서, 집 가, 묵을 숙

동쪽 집에서 밥을 먹고 서쪽 집에서 잠을 잔다는 뜻으로, 먹을 곳과 잠잘 곳이 고정적으로 정해지지 않아서 여기저기 떠돌아다닌다는 말이에요.

38. 동고동락

同苦同樂

같을 동, 쓸 고, 같을 동, 즐길 락(낙)

괴로움과 즐거움을 함께한다는 뜻으로, 오랜 시간 함께한 사람들 사이에 사용하는 말이에요. 반 친구들과 1년 동안 동고동락하고 새 학년이 되어 헤어지려면 아쉬울 거예요.

39. 동문서답

東問西答

동녘 동, 물을 문, 서녘 서, 대답 답

동쪽이 어디냐고 물어보는데 서쪽을 가르쳐 준다는 뜻으로, 질문과는 전혀 상관 없는 엉뚱한 대답을 한다는 말이에요. 수업 시간에 선생님의 질문에 동문서답하지 않기 위해서는 잘 집중해야겠지요?

40. 동병상련

同病相憐

같을 동, 병 병, 서로 상, 불쌍히 여길 련

같은 병을 앓는 사람끼리 서로 불쌍하게 생각한다는 뜻으로, 어려운 처지에 있는 사람들끼리 서로 불쌍하게 생각해 돕는다는 말이에요. 장마철 홍수나 지진 같은 자연 재해에 의해 같은 피해를 입었다면 동병상련의 아픔이라 할 수 있지요.

41. 동상이몽

同床異夢

같을 동, 평상 상, 다를 이(리), 꿈 몽

같이 누워서 잠을 자도 서로 다른 꿈을 꾼다는 뜻으로, 겉으로는 함께 행동하지만 서로 다른 생각을 하고 있다는 말이에요. 가족끼리 외식을 갔는데, 먹고 싶은 메뉴가 다 다르면 동상이몽이라 할 수 있겠지요?

42. 두문불출

杜門不出

막을 두, 문 문, 아닐 불, 날 출

문을 닫고 밖으로 나서지 않는다는 뜻으로, 집에만 있고 밖으로 나가지 않는다는 말이에요. 방학만 되면 친구도 안 만나고 집 안에서만 뒹굴뒹굴하는 친구를 보고 두문불출한다고 하지요.

43. 등용문

登龍門

오를 등, 용 룡(용), 문 문

 용이 되어 오르는 문이라는 뜻으로, 어려운 관문을 통과하여 출세하는 일을 말해요. 중국 황하강 상류에 '용문'이라는 큰 폭포가 있는데, 이곳을 넘는 물고기가 용이 된다는 이야기에서 유래 된 고사성어예요.

고사성어 Quiz

※ 올바른 짝끼리 연결해보세요

 1.개과   •   •  ㄱ. 보은

 2. 결초   •   •  ㄴ. 초사

 3. 난공   •   •  ㄷ. 천선

 4. 노심   •   •  ㄹ. 불락

 5. 다다 ● ● 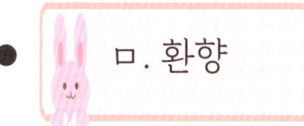 ㅁ. 환향

 6. 대기 ● ● 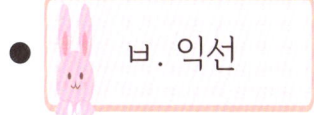 ㅂ. 익선

 7. 금의 ● ● 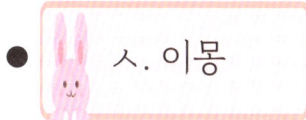 ㅅ. 이몽

 8. 동상 ● ● 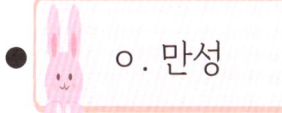 ㅇ. 만성

정답은 부록(156페이지)에 있어요

사필귀정(事必歸正)
이 고사성어는 어떤 뜻일까요?

Ⅱ. ㅁ, ㅂ, ㅅ 으로 시작하는 고사성어

44. 마이동풍

馬耳東風

말 마, 귀 이, 동녘 동, 바람 풍

말의 귀를 스치고 지나가는 바람이라는 뜻으로, 남의 말을 귀담아 듣지 않고 흘려버리거나 무시하는 경우에 사용하는 말이에요. 다른 사람이 이야기할 때는 무시하지 않고 집중해야 예의가 바른 사람이에요.

45. 막상막하

莫上莫下

없을 막, 윗 상, 없을 막, 아래 하

위와 아래를 구별할 수 없다는 뜻으로, 더 잘하고 못하는 것을 구분할 수 없을 때 사용하는 말이에요. "이번 경기는 두 팀의 실력이 막상막하라 누가 이길지 모르겠어"

46. 맹모삼천

孟母三遷

맏 맹, 어미 모, 석 삼, 옮길 천

 맹자의 어머니가 맹자의 교육을 위해 세 번이나 집을 옮겼다는 뜻으로, 교육에서 주변 환경이 중요하다는 말이에요. 중국의 사상가인 맹자가 어렸을 때 묘지 가까이 살았더니 무덤을 만들고 놀아서, 시장 근처로 이사를 했어요. 그런데 이번에는 물건 파는 흉내를 하고 놀아서, 서당 옆으로 다시 이사를 했지요. 그랬더니 맹자가 글 읽는 흉내를 내었다는 데서 유래한 고사성어예요.

47. 맹인모상

盲人模像

장님 맹, 사람 인, 만질 모, 코끼리 상

 장님이 코끼리를 만진다는 뜻으로, 전체를 보지 못하고 자기가 알고 있는 부분만 가지고 고집한다는 말이에요. 장님 여러 명이 코끼리의 서로 다른 부위를 만져보고 '코끼리는 어떻게 생긴 동물이야'라고 각각 말해봤자, 진짜 코끼리의 모습과는 전혀 다를 거예요.

48. 명실상부

名實相符

이름 명, 열매 실, 서로 상, 부호 부

이름과 실제 상황이 같다는 뜻으로, 사람들에게 알려진 것과 실제의 상황이 같을 때 사용하는 말이에요. 보통 소문은 과장되기 마련인데, 소문과 같이 실력이 좋다면 정말 훌륭한 것이겠지요?

49. 모순

矛盾

창 모, 방패 순

 창과 방패라는 뜻으로, 행동이나 말의 앞뒤가 서로 맞지 않을 때 쓰는 말이에요. 중국 초나라에 창과 방패를 파는 사람이 있었어요. 그는 '무엇이든 뚫을 수 있는 창', '무엇이든 막을 수 있는 방패'라고 광고를 하며 장사를 했지요. 그를 지켜보던 한 어린이가 '그 창으로 그 방패를 찌르면 어떻게 돼요?'라고 질문하니, 아무 말도 못하고 급히 물건을 챙겨 도망쳤다는 이야기에서 유래된 고사성어예요.

50. 무릉도원

武陵桃源

무인 무, 언덕 릉, 복숭아 도, 근원 원

복숭아가 있는 언덕이라는 뜻으로, 모든 사람들이 행복하게 살 수 있는 아름다운 곳을 이르는 말이에요. 옛날 중국 무릉에 살고 있는 한 어부가 길을 잃고 헤매다가 우연히 복숭아꽃이 아름답게 핀 숲을 발견했어요. 그 숲에서 조그만 동굴을 발견해 들어갔더니, 아무런 걱정 없이 살아가는 행복한 사람들을 만났다는 이야기에서 유래 된 고사성어예요.

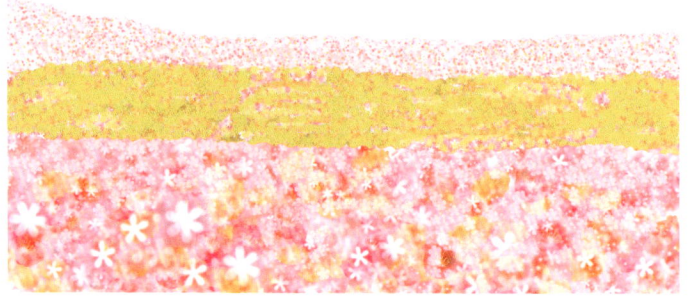

51. 무아도취

無我陶醉

없을 무, 나 아, 질그릇 도, 취할 취

자신의 존재를 완전히 잊고 즐기거나 좋아하는 것에 흠뻑 빠져있는 상태를 뜻하는 말이에요. "만화를 볼 때 나도 모르게 무아도취에 빠지게 되는 것 같아"

52. 무용지물

無用之物

없을 무, 쓸 용, 어조사 지, 물건 물

아무 소용이 없는 물건이나 사람이라는 뜻이에요. 주로 어떤 물건을 가지고는 있으나 사용법을 모르는 경우, 또는 다른 물건이 있어야 같이 사용할 수 있는 경우에 사용해요.

53. 문전성시

門前成市

문 문, 앞 전, 이룰 성, 시장 시

 대문 앞이 시장을 이룬다는 뜻으로, 찾아온 사람이 너무 많아 문 앞이 사람으로 가득 찼다는 말이에요. 예전에는 부자나 권력자 집에 손님이 많이 있는 모습을 표현할 때 사용했지만, 요즘에는 장사가 잘 되는 집을 표현할 때 주로 사용해요.

54. 미봉책

彌縫策

꿰맬 미, 꿰맬 봉, 꾀 책

터진 옷을 실로 꿰매는 방책이라는 뜻으로, 빈 곳이나 잘못된 것을 일시적인 꾀로 눈가림한다는 말로 사용해요. 무엇이든 잘못된 일이 생기면 미봉책으로 해결하지 않고, 제대로 해결을 해야 다시 잘못된 일이 반복되지 않을 거예요.

55. 박장대소

拍掌大笑

칠 박, 손바닥 장, 큰 대, 웃음 소

손뼉을 치면서 크게 웃는다는 뜻으로, 몹시 우스운 말을 듣거나 모습을 보았을 때 손뼉을 치며 크게 웃는 것을 말해요. 하루하루 박장대소 할 일이 많이 있다면 행복할 거예요.

56. 박학다식

博學多識

넓을 박, 배울 학, 많을 다, 알 식

학문이 넓고 아는 것이 많다는 뜻이에요. 똑똑하고 아는 것이 많아 무엇이든 물어보면 척척 알려주는 사람에게 쓰는 말이에요. 우리 친구들도 열심히 공부하고 책도 많이 읽으면 박학다식한 사람이 될 수 있어요.

57. 반신반의

半信半疑

반 반, 믿을 신, 반 반, 의심할 의

반은 믿고 반은 의심한다는 뜻으로, 믿으면서도 한편으로는 의심할 때 사용하는 말이에요. "엄마가 밖에 나가 있는 동안 열심히 공부했다고 말했더니, 반신반의한 표정으로 날 쳐다보셨다"

58. 배은망덕

背恩忘德

배반할 배, 은혜 은, 잊을 망, 큰 덕

남에게 입은 은혜를 잊고 배신한다는 뜻이에요. 다른 사람에게 친절한 도움을 받았는데, 그 사람을 배신하고 해를 끼친다면 안 되겠지요? 배은망덕한 사람이 되지 않아야 해요.

59. 백골난망

白骨難忘

흰 백, 뼈 골, 어려울 난, 잊을 망

죽어서 뼈만 남아도 잊을 수 없다는 뜻으로, 죽어서도 잊지 못할 만큼 큰 은혜를 입어 고마움을 표현할 때 사용하는 말이에요. 비슷한 고사성어로는 '각골난망'이 있어요.

60. 백문불여일견

百聞不如一見

일백 백, 들을 문, 아닐 불, 같을 여, 한 일, 볼 견

백 번 듣는 것보다 한 번 보는 것이 더 낫다는 뜻으로, 실제로 경험해 보아야 확실히 알 수 있다는 말이에요. 책으로도 많은 것을 배우고 알 수 있지만, 직접 눈으로 보고 체험하면 더 기억에 오래 남겠지요?

61. 백미

白眉

흰 백, 눈썹 미

흰 눈썹이란 뜻으로, 여러 사람 중에서 가장 뛰어난 사람이나 물건을 가리킬 때 사용하는 말이에요. 중국 삼국시대 촉나라에 마씨 성을 가진 유능한 다섯 형제가 있었는데, 그 중에서도 눈썹 속에 흰 털이 난 마량이 가장 뛰어났다는 데서 유래 된 고사성어예요.

62. 백발백중

百發百中

일백 백, 쏠 발, 일백 백, 가운데 중

백 번 쏘아 백 번 맞힌다는 뜻으로, 활이나 총을 쏘면 모두 명중시킨다는 말이에요. 예전에는 말 그대로 활을 잘 쏘는 경우에 사용했는데, 요즘에는 모든 일이 계획이나 예상대로 잘 맞는다는 의미로도 사용해요.

63. 부화뇌동

附和雷同

붙을 부, 화할 화, 우레 뇌(뢰), 한가지 동

우레(천둥) 소리에 맞춰 함께한다는 뜻으로, 자신의 뚜렷한 생각 없이 그저 남이 하는 대로 따라가는 모습을 말해요. 남이 뭐라 한다고 해서 쉽게 부화뇌동하지 말고, 내 생각을 명확히 표현할 줄 알아야 해요.

64. 불혹

不惑

아닐 불, 미혹할 혹

어떠한 유혹에도 넘어가지 않는다는 뜻으로, 흔히 나이가 마흔 살이 된 것을 말해요. 중국의 사상가 공자가 자신의 인생을 되돌아보며, 마흔 살부터 세상일에 마음이 홀리지 않았다고 한 데서 유래 된 고사성어예요.

65. 비몽사몽

非夢似夢

아닐 비, 꿈 몽, 닮을 사, 꿈 몽

잠에서 막 깨어나 꿈인지 현실인지 구분이 안 되는 상태를 말해요. 늦은 밤까지 안 자고 놀면, 다음 날 아침에 학교에 갈 때 비몽사몽 정신이 없어요. 우리 친구들은 학교 가기 전날에 일찍 자도록 해요.

66. 비육지탄

髀肉之嘆

넓적다리 비, 고기 육, 어조사 지, 탄식할 탄

넓적다리에 살이 찐 것을 한탄한다는 뜻으로, 자신의 능력을 제대로 발휘하지 못하고 세월만 보낸다는 말이에요. 중국 삼국시대 촉나라의 유비가 오랜 시간 전쟁에 나가지 못해 말을 탈 기회가 적어지자, 넓적다리에 살이 찐 것을 보고 한탄했다는 이야기에서 유래 된 고사성어예요.

67. 비일비재

非一非再

아닐 비, 한 일, 아닐 비, 두 재

한 번도 아니고 두 번도 아니다라는 뜻으로, 어떤 일이나 사건이 아주 많이 일어날 때 사용하는 말이에요. "명수가 숙제를 안 해오는 건 비일비재한 일이야"

68. 사리사욕

私利私慾

사사로울 사, 이로울 리, 사사로울 사, 욕심 욕

사사로운 이익과 욕심이라는 뜻으로, 개인적인 이익과 욕심을 말해요. 주로 지위를 가진 사람이 권한을 이용해 개인적으로 이익을 얻으려 하는 행동을 표현할 때 많이 사용해요.

69. 사면초가

四面楚歌

넉 사, 낯 면, 초나라 초, 노래 가

사방에서 들리는 초나라의 노래라는 뜻으로, 어려운 일을 만나 어떤 도움도 받을 수 없이 고립된 상태를 이르는 말이에요. 중국 초나라의 항우가 사면을 둘러싼 한나라 군대 쪽에서 초나라의 노래가 불리는 걸 듣고, 한나라군에 이미 점령된 줄 알고 놀랐다는 이야기에서 유래 된 고사성어예요.

70. 사상누각

沙上樓閣

모래 사, 위 상, 다락 누(루), 집 각

 모래 위에 지은 다락집이라는 뜻으로, 기초가 약해서 무너질 염려가 있는 물건 또는 현실적으로 불가능한 일을 가리킬 때 사용하는 말이에요. 집뿐만 아니라 어떤 일이든 계획을 꼼꼼히 세우고, 기초를 튼튼하게 하지 않으면 사상누각이 되고 말 거예요.

71. 사필귀정

事必歸正

일 사, 반드시 필, 돌아갈 귀, 바를 정

모든 일은 반드시 올바른 방향으로 돌아간다는 뜻이에요. 바르지 못한 방법이 처음에는 성공하는 것처럼 보이지만, 결국 오래가지 못하고 올바른 방법이 성공한다는 말이에요.

72. 살신성인

殺身成仁

죽일 살, 몸 신, 이룰 성, 어질 인

자신의 몸을 죽여 인을 이룬다는 뜻으로, 자신을 희생하여 옳은 일을 한다는 말이에요. 119 구조대원이 위험한 상황에서 자신을 희생해 다른 사람을 구조하는 모습을 보면 살신성인의 자세를 느낄 수 있어요.

73. 삼고초려

三顧草廬

석 삼, 돌아볼 고, 풀 초, 농막집 려

오두막집을 세 번 찾아간다는 뜻으로, 뛰어난 인재를 얻기 위해서 참을성 있게 정성을 들여야 한다는 말이에요. 중국의 역사소설 '삼국지'에서 유비가 제갈공명을 만나기 위해 그가 사는 집에 세 번 찾아갔다는 이야기에서 유래 된 고사성어예요.

74. 상전벽해

桑田碧海

뽕나무 상, 밭 전, 푸를 벽, 바다 해

뽕나무 밭이 푸른 바다가 되었다는 뜻으로, 세상이 몰라볼 정도로 많이 변한 모습을 표현할 때 사용하는 말이에요. 우리나라도 한국전쟁으로 폐허가 되었지만 반세기 만에 큰 도시를 만들었으니, 말 그대로 상전벽해라 할 수 있어요.

75. 새옹지마

塞翁之馬

변방 새, 노인 옹, 어조사 지, 말 마

　변방에 사는 노인의 말이라는 뜻으로, 인생의 행복과 불행은 항상 바뀌어 미리 예측할 수 없다는 말이에요. 중국 북쪽 국경 지역에 한 노인이 살았는데 어느 날 키우던 말이 도망쳐버렸어요. 하지만 곧 다른 말을 데리고 돌아왔지요. 그리고 얼마 뒤 노인의 아들이 데리고 온 말을 타다가 떨어져 다리를 다쳤어요. 하지만 곧 전쟁이 일어나 다리를 다친 아들은 전쟁에 나가지 못했고 덕분에 살 수 있었다는 이야기에서 유래 된 고사성어예요.

76. 선견지명

先見之明

먼저 선, 볼 견, 어조사 지, 밝을 명

앞을 내다보는 안목이라는 뜻으로, 미래를 예측할 수 있는 지혜를 말해요. 미래를 보는 것은 영화에서 마법사나 할 수 있을 것 같지만, 여러 가지 상황을 잘 살펴 앞으로 어떤 일이 일어날지 예측은 할 수 있어요. 선견지명은 앞으로 일어날 일을 예측하고 준비하는 지혜를 말해요.

77. 설상가상

雪上加霜

눈 설, 위 상, 더할 가, 서리 상

눈 위에 다시 서리가 내린다는 뜻으로, 어려운 일이 계속해서 생기는 상황을 표현할 때 사용하는 말이에요. "늦게 일어나서 지각할 것 같은데, 설상가상으로 배탈까지 났어요"

78. 소탐대실

小貪大失

작을 소, 탐낼 탐, 큰 대, 잃을 실

　작은 것을 욕심내다가 오히려 큰 것을 잃는다는 뜻으로, 눈앞에 보이는 작은 이익만 생각하다가 더 큰 손해를 볼 때 사용하는 말이에요. 너무 작은 것에 집착하다 보면 중요한 것을 놓치게 되어 큰 손해를 볼 수 있답니다.

79. 속수무책

束手無策

묶을 속, 손 수, 없을 무, 꾀 책

손이 묶여 어찌할 방법이 없다는 뜻으로, 일이 잘못되어 가는 것을 보면서도 어떻게 해야 할지 몰라 대책을 세우지 못할 때 쓰는 말이에요. "갑작스러운 산불에 속수무책으로 바라볼 수밖에 없었다"

80. 수수방관

袖手傍觀

소매 수, 손 수, 곁 방, 볼 관

 팔짱을 끼고 보고만 있다는 뜻으로, 어떤 일에 대해 참견하거나 거들지 않고 보고만 있다는 말이에요. 자기와는 상관없는 일이라고 다른 사람 일에 관심이 없는 태도를 보일 때 사용해요.

81. 신출귀몰

神出鬼沒

귀신 신, 날 출, 귀신 귀, 가라앉을 몰

귀신처럼 나타났다가 귀신처럼 사라진다는 뜻으로, 움직임을 쉽게 알 수 없을 만큼 자유자재로 나타났다 사라짐을 표현하는 말이에요. 동에 번쩍 서에 번쩍 나타나는 홍길동 같은 사람에게 사용해요.

82. 십시일반

十匙一飯

열 십, 숟가락 시, 한 일, 밥 반

열 사람이 밥 한 술씩 보태면 한 사람 먹을 분량이 된다는 뜻으로, 여러 사람이 조금씩 힘을 모으면 한 사람을 돕기는 쉽다는 말이에요. "십시일반으로 모은 성금을 불우이웃을 돕는 데 사용했다"

고사성어 Quiz

※ 올바른 단어를 맞춰보세요.

1. 막 ㅅ ㅁ 하

위와 아래를 구별할 수 없다는 뜻으로,
더 잘하고 못하는 것을 구분할 수 없다는 말

2. ㅁ 실 상 ㅂ

이름과 실제 상황이 같다는 뜻으로,
사람들에게 알려진 것과 실제의 상황이 같을 때
사용하는 말

3. ㅂ 장 ㄷ 소

손뼉을 치면서 크게 웃는다는 뜻으로,
몹시 우스운 말을 듣거나 모습을 보고 웃는 것

4. ㅂ ㅁ 사 몽

잠에서 막 깨어나 꿈인지 현실인지
구분이 안 되는 상태

5. ㅅ ㄱ 초 려

뛰어난 인재를 얻기 위해서 참을성 있게
정성을 들여야 한다는 말

6. 설 ㅅ 가 ㅅ

어려운 일이 계속해서 생기는
상황을 표현할 때 사용하는 말

정답은 부록(156페이지)에 있어요

죽마고우(竹馬故友)
이 고사성어는 어떤 뜻일까요?

Ⅲ. ㅇ, ㅈ, ㅊ 으로 시작하는 고사성어

83. 어부지리

漁父之利

고기 잡을 어, 지아비 부, 어조사 지, 이로울 리(이)

어부의 이익이라는 뜻으로, 양쪽이 다투는 사이에 엉뚱한 사람이 힘들이지 않고 이득을 챙긴다는 말이에요. 조개와 황새가 다투는 사이에 어부가 둘 다 잡아갔다는 이야기에서 유래 된 고사성어예요.

84. 역지사지

易地思之

바꿀 역, 땅 지, 생각 사, 어조사 지

다른 사람의 처지에서 생각하라는 뜻으로, 입장 바꿔 생각하라는 말이에요. 다른 사람과 갈등이 있을 때, 내 의견만 고집하지 말고 상대방의 입장에서 생각해보면 이해 못 할 일은 없을 거예요.

85. 오리무중

五里霧中

다섯 오, 마을 리, 안개 무, 가운데 중

짙은 안개가 5리(약 2km)나 끼어 있는 가운데 있다는 뜻으로, 주변에 안개가 껴서 아무것도 보이지 않는 것처럼 일의 갈피나 사람의 행방을 알 수 없는 말이에요.

86. 온고지신

溫故知新

익힐 온, 옛 고, 알 지, 새 신

옛 것에서 배워 새로운 것을 깨닫는다는 뜻이에요. 요즈음 사용하는 물건들은 하늘에서 갑자기 뚝 떨어진 것이 아니에요. 옛 것을 익히고 발전시키며 새것이 만들어진 거죠.

87. 외유내강

外柔內剛

바깥 외, 부드러울 유, 안 내, 굳셀 강

겉으로 보기에는 부드럽지만 속은 굳세고 강하다는 뜻이에요. 힘이 약하고 성격이 부드러워 보이는 외모이지만, 강한 의지를 가진 사람에게 사용하는 말이에요.

88. 용두사미

龍頭蛇尾

용 용, 머리 두, 긴 뱀 사, 꼬리 미

머리는 용이고 꼬리는 뱀이라는 뜻으로, 시작은 거창하나 끝이 흐지부지한 것을 말해요. 시험 기간에 열심히 공부하려고 마음 먹었지만 얼마 지나지 않아 놀고 나서 시험을 보고 후회한 경험들 있나요?

89. 우왕좌왕

右往左往

오른쪽 우, 갈 왕, 왼쪽 좌, 갈 왕

오른쪽으로 갔다 왼쪽으로 갔다 한다는 뜻으로, 올바른 방향이나 차분한 행동을 못 하고 갈팡질팡하는 모습을 가리킬 때 사용하는 말이에요. 비슷한 뜻의 고사성어로 '지동지서(指東指西)'가 있어요.

90. 우유부단

優柔不斷

넉넉할 우, 부드러울 유, 아닐 부, 끊을 단

 망설이기만 하고 결정적인 판단을 내리지 못한다는 뜻으로, 어떤 일을 할 때 우물쭈물하고 과감히 실행하지 못하는 경우에 사용하는 말이에요. 너무 지나치게 고민하면서 결정하지 못하면 답답한 사람처럼 보일 거예요.

91. 우이독경

牛耳讀經

소 우, 귀 이, 읽을 독, 글 경

 소 귀에 경 읽기라는 뜻으로, 소한테 좋은 이야기를 많이 들려줘도 알아듣지 못하는 것처럼 어리석은 사람은 아무리 말해도 알지 못한다는 말이에요. 자기 고집만 부리지 말고 다른 사람이 하는 말도 잘 들어야 해요.

92. 위풍당당

威風堂堂

위엄 위, 바람 풍, 집 당, 집 당

위엄이 넘치고 거리낌 없이 떳떳하다는 뜻으로, 자신감이 넘치는 모습을 표현할 때 많이 사용하는 말이에요. "위풍당당한 모습에 적들은 모두 겁을 먹었다"

93. 유비무환

有備無患

있을 유, 갖출 비, 없을 무, 근심 환

미리 준비하면 걱정할 것이 없다는 뜻으로, 미리미리 대비하고 있으면 어떤 어려움도 일어나지 않는다는 말이에요. 시험이 다가오는데 미리미리 공부를 안 하면 시험날 후회하겠지요?

94. 이구동성

異口同聲

다를 이, 입 구, 한가지 동, 소리 성

입은 다르지만 하는 말은 같다는 뜻으로, 여러 사람이 같은 의견이나 같은 입장을 보이는 모습을 가리킬 때 사용하는 말이에요. "정국이는 모든 사람이 이구동성으로 칭찬하는 착한 아이이다"

95. 이심전심

以心傳心

써 이, 마음 심, 전할 전, 마음 심

마음에서 마음으로 전한다는 뜻으로, 굳이 말이나 글로 전하지 않아도 서로 마음이 통한다는 말이에요. 텔레파시가 통한다는 말과 비슷한 의미예요. 우리 친구들은 얼굴만 봐도 어떤 생각을 하는지 알 수 있는 마음이 잘 맞는 친구가 있나요?

96. 인과응보

因果應報

인할 인, 열매 과, 응할 응, 갚을 보

원인과 결과는 서로 이어져 있다는 뜻으로, 좋은 일에는 좋은 결과가, 나쁜 일에는 나쁜 결과가 온다는 말이에요. 전래동화 '콩쥐 팥쥐', '흥부 놀부'가 대표적인 인과응보의 이야기예요.

97. 인산인해

人山人海

사람 인, 뫼 산, 사람 인, 바다 해

사람이 산을 이루고, 사람이 바다를 이룬다는 뜻으로, 헤아릴 수 없이 많은 사람들이 모여 있는 모습을 표현할 때 사용하는 말이에요. "주말에 놀이공원에는 인산인해라는 말이 실감이 날 정도로 사람들이 많이 찾아온다"

98. 일석이조

一石二鳥

한 일, 돌 석, 두 이, 새 조

돌 하나로 새 두 마리를 잡는다는 뜻으로, 한 가지 일을 해서 두 가지 이익일 한 번에 얻을 때 사용하는 말이에요. 비슷한 의미의 속담으로는 '도랑 치고 가재 잡는다'가 있어요.

99. 일장춘몽

一場春夢

한 일, 마당 장, 봄 춘, 꿈 몽

한바탕의 봄꿈이라는 뜻으로, 인생의 허무함과 헛된 일을 비유한 말이에요. 철저한 계획과 노력 없이 막연히 먼 미래의 꿈만 꾼다면 꿈은 이루어지지 않아요.

100. 일취월장

日就月將

날 일, 나아갈 취, 달 월, 장수 장

매일매일 달마다 성장하고 발전한다는 뜻으로, 학문이나 실력이 많이 늘었다는 칭찬을 할 때 사용하는 말이에요. "우리 태형이 노래 실력이 일취월장이구나!"

101. 임기응변

臨機應變

임할 임, 틀 기, 응할 응, 변할 변

그때그때 처한 형편에 따라 알맞게 일을 처리한다는 뜻으로, 갑작스러운 상황에 순발력이 좋게 행동할 때 사용하는 말이에요. 나쁘게 보면 둘러대는 것처럼 보일 수도 있지만, 보통 재치 있는 말과 행동을 이야기해요.

102. 입신양명

立身揚名

설 입(립), 몸 신, 날릴 양, 이름 명

몸을 세우고 이름을 날린다는 뜻으로, 높은 지위에 오르거나 유명해져 세상에 이름을 알린다는 말이에요. 우리 친구들도 열심히 노력하면 원하는 꿈을 이루고 입신양명할 수 있어요.

103. 자포자기

自暴自棄

스스로 자, 사나울 포, 스스로 자, 버릴 기

절망에 빠져 스스로 자신을 포기하고 돌보지 않는다는 뜻으로, 힘든 상황에 스스로 이겨내고자 하는 의지를 잃어 무기력한 모습을 비유한 말이에요. 어려운 일이나 문제를 보고 자포자기하기보다는 해결하기 위해서 노력해야 해요.

104. 작심삼일

作心三日

지을 작, 마음 심, 석 삼, 날 일

결심이 사흘을 가지 못한다는 뜻으로, 뭔가를 해 보겠다고 결심하지만 얼마 지나지 않아 포기한다는 말이에요. 매년 새해에 많은 계획을 세우지만, 작심삼일로 끝난 경험 다들 있나요?

105. 적반하장

賊反荷杖

도둑 적, 돌아올 반, 꾸짖을 하, 지팡이 장

도둑이 도리어 매를 든다는 뜻으로, 잘못한 사람이 잘한 사람을 나무라는 경우에 사용하는 말이에요. 집주인이 들어야 할 몽둥이를 도둑이 들어서 오히려 집주인을 혼낸다면 황당하고 억울할 거예요.

106. 전화위복

轉禍爲福

바꿀 전, 재앙 화, 될 위, 복 복

화가 바뀌어 오히려 복이 된다는 뜻으로, 좋지 않은 일이 계기가 되어 오히려 좋은 일이 생길 수 있다는 말이에요. 힘든 일이 생겼을 때 포기하기보다는 그 상황에서 최선을 다하면 더 나은 방향으로 일이 풀릴 수 있지요.

107. 조삼모사

朝三暮四

아침 조, 석 삼, 저물 모, 넉 사

아침에 세 개, 저녁에 네 개라는 뜻으로, 잔꾀로 다른 사람을 속이거나, 눈앞에 이익에 눈이 멀어 속는 모습을 표현할 때 사용하는 말이에요. 중국 송나라의 저공이 원숭이 먹이를 아침에는 세 개, 저녁에는 네 개를 주었더니 원숭이들이 화를 내어, 아침에 네 개, 저녁에 세 개를 줬더니 원숭이들이 좋아했다는 이야기에서 유래 된 고사성어예요.

108. 주객전도

主客顛倒

주인 주, 손 객, 뒤집힐 전, 넘어질 도

주인과 손님의 입장이 바뀌어 있다는 뜻으로, 주인은 손님처럼, 손님은 주인처럼 행동한다는 말이에요. 서로의 입장이 뒤바뀐 것이나 일의 차례가 뒤바뀐 것을 가리킬 때 사용해요.

109. 죽마고우

竹馬故友

대나무 죽, 말 마, 옛 고, 벗 우

대나무로 만든 장난감 말을 타고 함께 지낸 친구라는 뜻으로, 어릴 때부터 함께 자란 오래된 친구를 말해요. 오랜 시간 함께 지낸 죽마고우가 있으면 외롭지 않고 든든할 거예요.

110. 지피지기

知彼知己

알 지, 저 피, 알 지, 몸 기

 그를 알고 나를 안다는 뜻으로, 적을 알고 나를 알아야 한다는 말이에요. 손자병법에서 적군과 아군의 상황을 알고 있을 때 싸운다면 백 번을 싸워도 결코 위태롭지 않다는 말에서 유래 된 고사성어예요.

111. 천고마비

天高馬肥

하늘 천, 높을 고, 말 마, 살찔 비

하늘은 높고 말이 살찐다는 뜻으로, 맑고 풍요로운 가을 날씨를 비유하는 말이에요. 가을은 곡식이 익어 먹을 것도 풍족하고 날씨도 선선해 활동하기 아주 좋은 계절이에요.

112. 천재일우

千載一遇

일천 천, 해 재, 한 일, 만날 우

천 년에 한 번 만난다는 뜻으로, 좀처럼 만나기 어려운 좋은 기회를 가리킬 때 사용하는 말이에요. 천재일우의 기회가 찾아와도 준비되지 않으면 기회를 잡을 수 없어요. 요행보다는 항상 열심히 노력하다 보면 언젠가는 천재일우의 기회가 찾아올 거예요.

113. 청출어람

靑出於藍

푸를 청, 날 출, 어조사 어, 쪽 람

물을 들이는 재료인 쪽잎보다 잎에서 뽑아낸 물감이 더 푸르다는 뜻으로, 제자가 스승보다 더 나은 것을 비유할 때 사용하는 말이에요. 스승보다 뛰어나다니, 정말 최고의 칭찬이겠지요?

114. 초지일관

初志一貫

처음 초, 뜻 지, 한 일, 꿸 관

처음 세운 뜻을 끝까지 밀고 나간다는 뜻으로, 변함없는 한결같은 모습을 가리킬 때 사용하는 말이에요. 어떤 일을 하든지 그 일을 처음 시작했을 때의 마음을 되새기며 끝까지 마무리하는 '초지일관'의 자세가 무엇보다 중요하답니다.

115. 촌철살인

寸鐵殺人

마디 촌, 쇠 철, 죽일 살, 사람 인

조그만 쇠붙이로 사람을 죽인다는 뜻으로, 마음이 담긴 짧은 말로 다른 사람에게 감동을 주거나 약점을 찌를 수도 있다는 말이에요. 간단하지만 핵심을 찌르는 말 한마디가 듣는 사람에는 큰 영향을 줄 수 있으니, 항상 말은 조심해서 해야 해요.

고사성어 Quiz

※ 올바른 짝끼리 연결해보세요

 1. 어부 ●　　　● 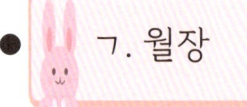 ㄱ. 월장

 2. 우유 ●　　　● 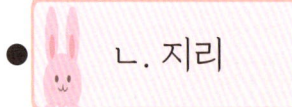 ㄴ. 지리

 3. 이구 ●　　　● 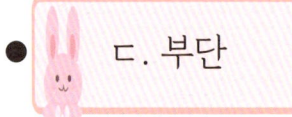 ㄷ. 부단

 4. 일취 ●　　　● 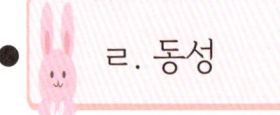 ㄹ. 동성

 5. 전화 • • 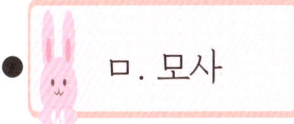 ㅁ. 모사

 6. 조삼 • • 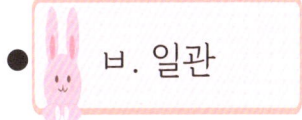 ㅂ. 일관

 7. 청출 • • 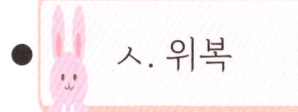 ㅅ. 위복

 8. 초지 • • 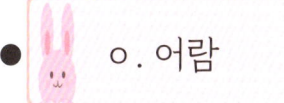 ㅇ. 어람

정답은 부록(156페이지)에 있어요

화룡점정(畫龍點睛)
이 고사성어는 어떤 뜻일까요?

IV. ㅌ, ㅍ, ㅎ 으로 시작하는 고사성어

116. 타산지석

他山之石

다를 타, 뫼 산, 어조사 지, 돌 석

다른 산에서 나는 보잘것없는 돌이라도 자기의 옥을 가는 데에 도움이 된다는 뜻으로, 다른 사람의 잘못된 말과 행동이 자기의 모습을 바르게 하는데 도움이 될 수 있다는 말이에요.

117. 토사구팽

兎死狗烹

토끼 토, 죽을 사, 개 구, 삶을 팽

토끼 사냥이 끝나면 사냥개를 삶아 먹는다는 뜻으로, 필요할 때는 잘 쓰이다가 쓸모가 없어지면 바로 버려진다는 말이에요. 우리 친구들은 사람이든 물건이든 토사구팽하는 사람이 되어서는 안 되겠지요?

118. 퇴고

推敲

밀 퇴, 두드릴 고

 미는 것과 두드리는 것이라는 뜻으로, 글을 쓸 때 깊이 생각하여 문장을 여러 번 고치고 다듬는 것을 말해요. "좋은 책은 끊임없는 퇴고 과정을 통해 하나의 완성된 작품으로 탄생한다"

119. 파죽지세

破竹之勢

깨뜨릴 파, 대나무 죽, 어조사 지, 형세 세

대나무를 쪼개는 듯한 기세라는 뜻으로, 거침없이 적을 무찌르며 들어가는 모습을 비유한 말이에요. 세력이 강해서 감히 맞설 상대가 없거나, 어떤 일이나 문제에 거칠 것 없이 맹렬하고 단호하게 나아가는 모습을 표현할 때 많이 사용해요.

120. 표리부동

表裏不同

겉 표, 속 리, 아닐 부, 같을 동

겉과 속이 같지 않다는 뜻으로, 눈에 보이는 모습과 속으로 생각하는 것이 다르다는 말이에요. 흔히 겉은 훌륭해 보이나 속은 그렇지 못한 물건이나, 앞에서는 도와주는 척하고 뒤에서는 배신하는 사람을 가리킬 때 사용해요.

121. 풍비박산

風飛雹散

바람 풍, 날 비, 우박 박, 흩을 산

바람이 불어 우박이 흩어진다는 뜻으로, 강한 바람에 물건들이 이리저리 모두 날아가 흩어진 모습을 비유한 말이에요. 어떤 일이나 상황이 엉망이 될 정도로 망가졌을 때 많이 사용해요.

122. 풍전등화

風前燈火

바람 풍, 앞 전, 등불 등, 불 화

바람 앞의 등불이라는 뜻으로, 바람이 불어 언제 꺼질지 모르는 등불처럼 매우 위험하거나 오래 견디기 힘든 상황을 말해요. "나라의 운명이 풍전등화와도 같던 상황에서 많은 독립운동가들이 그 어려움을 헤쳐나가기 위해 나섰다"

123. 학수고대

鶴首苦待

학 학, 머리 수, 쓸 고, 기다릴 대

학의 목처럼 목을 길게 빼고 기다린다는 뜻으로, 무언가를 간절하게 기다리는 모습을 표현할 때 사용하는 말이에요. 이번 생일에 내가 정말 가지고 싶던 게임기를 부모님이 선물로 준다 그러면 생일을 학수고대하게 되겠죠.

124. 함흥차사

咸興差使

다 함, 일 흥, 다를 차, 부릴 사

  함흥에 보낸 차사라는 뜻으로, 떠난 사람이 소식이나 연락을 하지 않을 때 사용하는 말이에요. 조선 시대 태조 이성계가 왕위를 물려주고 고향인 함흥에 가 있을 때, 아들 태종이 보낸 차사를 죽이거나, 잡아 가두고 돌려보내지 않았다는 이야기에서 유래 된 고사성어예요.

125. 형설지공

螢雪之功

반딧불이 형, 눈 설, 어조사 지, 공 공

  반딧불과 눈빛으로 이룬 공이라는 뜻으로, 힘든 상황에서도 열심히 공부하는 모습을 비유할 때 사용하는 말이에요. 중국 진나라의 차윤이라는 사람이 반딧불이를 모아 그 불빛으로 글을 읽고, 손강이라는 사람은 겨울밤에 눈빛에 비추어 글을 읽었다는 이야기에서 유래 된 고사성어예요.

126. 호가호위

狐假虎威

여우 호, 빌릴 가, 범 호, 위엄 위

여우가 호랑이의 위엄을 빌려 위세를 부린다는 뜻으로, 실력이나 능력이 없는 사람이 남의 권세를 빌려 위세를 부린다는 말이에요. 자신의 능력도 아니면서 남의 권세를 빌려 다른 사람을 괴롭힌다면 언젠가 자신도 똑같이 당할 수 있어요.

127. 호시탐탐

虎視眈眈

범 호, 볼 시, 노려볼 탐, 노려볼 탐

호랑이가 무섭게 눈을 뜨고 먹이를 노려본다는 뜻으로, 기회를 놓치지 않기 위해 방심하지 않고 상황을 지켜보는 모습을 비유할 때 사용하는 말이에요. "혁준이는 냉장고 속에 초콜릿을 먹기 위해 호시탐탐 기회를 노렸다"

128. 호연지기

浩然之氣

클 호, 그러할 연, 어조사 지, 기운 기

하늘과 땅 사이에 가득 찬 넓고 큰 기운이라는 뜻으로, 사람의 마음에 차 있는 넓고 크고 올바른 마음을 가리키는 말이에요. 작은 것에 얽매거나 미련을 두지 않고 대범하게 행동하는 모습을 비유적으로 표현할 때 많이 사용해요.

129. 화룡점정

畫龍點睛

그림 화, 용 룡(용), 점 점, 눈동자 정

용의 눈동자를 그려 넣는다는 뜻으로, 가장 중요한 부분을 마치어 일을 끝낸다는 말이에요. 중국 남조의 양나라에 장승요라는 화가가 용을 그리고 난 후 마지막에 눈동자를 그렸더니, 그림의 용이 실제 용이 되어 하늘로 날아갔다는 이야기에서 유래 된 고사성어예요.

130. 환골탈태

換骨奪胎

바꿀 환, 뼈 골, 빼앗을 탈, 아이 밸 태

 뼈를 바꾸고 태를 빼낸다는 뜻으로, 얼굴이나 모습이 전에 비해 마치 딴 사람처럼 몰라보게 좋아진 것을 비유하는 말이에요. 진정한 환골탈태는 겉모습뿐만 아니라 마음가짐도 바뀌는 것을 말하겠지요?

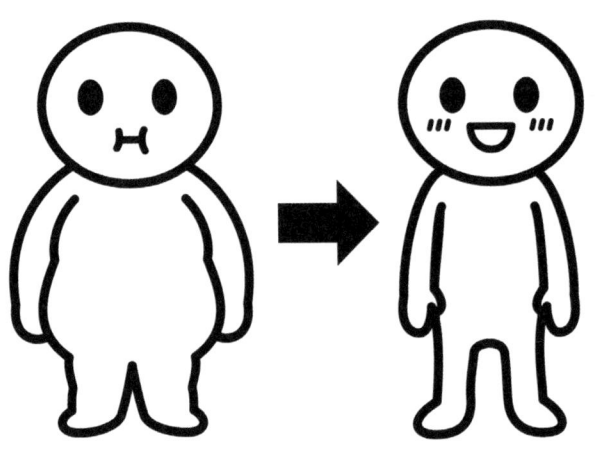

131. 희로애락

喜怒哀樂

기쁠 희, 성낼 로(노), 슬플 애, 즐길 낙(락)

  기쁨과 노여움, 슬픔과 즐거움이라는 뜻으로, 사람이 가진 모든 감정으로 인생을 표현할 때 사용하는 말이에요. "그 시인은 시를 통해 세상살이의 희로애락을 표현하였다"

고사성어 Quiz

※ 올바른 단어를 맞춰보세요.

1. 타 ㅅ 지 ㅅ

다른 사람의 잘못된 행동과 실패한 모습이 나를 바르게 하는데 도움이 될 수 있다는 말

2. ㅌ ㅅ 구 팽

필요할 때는 잘 쓰이다가 쓸모가 없어지면 바로 버려진다는 말

3. 파 ㅈ ㅈ 세

대나무를 쪼개는 듯한 기세라는 뜻으로, 거침없이 적을 무찌르며 들어가는 모습을 비유한 말

4. ㅍ ㅂ ㅣ 박 ㅅ

강한 바람에 물건들이 이리저리
모두 날아가 흩어진 모습을 비유한 말

5. ㅎ ㅅ 지 공

힘든 상황에서도 열심히 공부하는 모습을
비유할 때 사용하는 말

6. 환 ㄱ ㅌ 태

얼굴이나 모습이 전에 비해 마치 딴 사람처럼
몰라보게 좋아진 것을 비유하는 말

정답은 부록(156페이지)에 있어요

부록

※ 속담 Quiz 정답

페이지 52 (선긋기 퀴즈)

1 – ㄷ, 2 – ㄱ, 3 – ㄹ, 4 – ㄴ
5 – ㅂ, 6 – ㅇ, 7 – ㅁ, 8 – ㅅ

페이지 96 (초성 퀴즈)

1. 상 막 2. 명 부 3. 박 대
4. 비 몽 5. 삼 고 6. 상 상

페이지 134 (선긋기 퀴즈)

1 – ㄴ, 2 – ㄷ, 3 – ㄹ, 4 – ㄱ
5 – ㅅ, 6 – ㅁ, 7 – ㅇ, 8 – ㅂ

페이지 154 (초성 퀴즈)

1. 산 석 2. 토 사 3. 죽 지
4. 풍 산 5. 형 설 6. 골 탈

빙글빙글 고사성어 놀이

발행일 초판 1쇄 2019년 7월 8일
　　　　11쇄 2025년 4월 8일

엮음 걸음마　펴낸이 강주효　영업,마케팅 이동호
편집책임 이태우　디자인책임 하루
펴낸곳 도서출판 버금　출판등록 제353-2018-000014호
전화 032)466-3641 팩스 032)232-9980
이메일 beo-kum@naver.com
블로그 blog.naver.com/beo-kum
제조국 대한민국 권장사용연령 8세이상

주의사항 종이에 베이거나 긁히지 않게 조심하세요

ISBN 979-11-964458-3-6

값 9,800

ⓒ2019 걸음마
잘못된 책은 구입하신 곳에서 교환해 드립니다
이 책의 저작권은 도서출판 버금에 있습니다